16.95

D1507448

L'année CHAPLEAU 1996

SERGE CHAPLEAU

L'année CHAPLEAU 1996

Boréal

Les Éditions du Boréal sont inscrites au Programme de subvention globale du Conseil des Arts du Canada et reçoivent l'appui de la SODEC.

Conception graphique : Gianni Caccia
Illustration de la couverture : Serge Chapleau

Diffusion au Canada : Dimedia
Distribution et diffusion en Europe : Les Éditions du Seuil

Données de catalogage avant publication (Canada)

Chapleau. Serge, 1945-
  L'Année Chapleau 1996
  ISBN 2-89052-795-6
  I. Titre.

NC1449.C45A4   1996   971.064   C95-300755-3

À la veille du référendum, les Canadiens anglais manifestent leur amour aux Québécois.

Madame Chrétien fait preuve de courage face à un inconnu
qui s'est introduit dans la résidence du premier ministre.

SANS PAROLES ...

BOURQUE EN MISSION ÉCONOMIQUE EN ASIE

KARADZIC BANNI DE LA VIE POLITIQUE

LA BALLE REVIENT DANS LE CAMP DU QUÉBEC

Jean Chrétien propose de faire adopter une loi qui reconnaîtrait
la société distincte et le droit de veto.

LES CADRES DE L'HYDRO INVITÉS À REMBOURSER 100,000$

Hillary Clinton est interrogée par une commission d'enquête
au sujet de l'affaire Whitewater.

L'ex-ministre des Communications, Michel Dupuy, songe à son avenir.

24

25

LA ROUTE
DU POUVOIR

STÉPHANE DION PEAUFINE SON IMAGE...

Jean Charest propose au Reform Party une entente parlementaire qui permettrait aux conservateurs d'avoir plus de temps à la période de questions.

Pierre Pettigrew et Stéphane Dion font leur entrée au cabinet.

Paul Martin prononce son discours du budget.

Jean Chrétien se défend à mains nues contre un manifestant.

L'Honorable Roméo LeBlanc est nommé gouverneur général du Canada.

Discours historique de Lucien Bouchard au Centaur.

Le vérificateur général a blanchi Richard LeHir dans l'affaire des contrats au Secrétariat à la reconstruction.

DION MILITE POUR LA SOCIÉTÉ DISTINCTE
OÙ COMMENT SE REFAIRE UNE IMAGE

Daniel Johnson participe au Sommet du Québec.

Gérald Tremblay quitte le Parti libéral.

FUITES SUR LE PROJET DE PRIVATISATION DE L'EAU

LE RETOUR DE LECH WALESA AU BOULOT

* OÙ EST-CE QUE JE STATIONNE MA MERCEDEZ ?

LE NOUVEAU PRÉSIDENT TENANT
LA CARTE DE LA PALESTINE

À LA RECHERCHE DES DOCUMENTS PERDUS

L'Office de la langue française interdit la vente libre de produits casher
dont l'étiquette est rédigée en anglais seulement.

LA MARGE DE MANOEUVRE

Stéphane Dion trouve la formule qui réglera la crise constitutionnelle.

SUS AU FROMAGE AU LAIT CRU

LA CHUTE D'UNE RÉPUTATION

Brian Mulroney mis en accusation dans l'affaire des Airbus.

LES DOCUMENTS
DU GÉNÉRAL BOYLE
ENFIN TROUVÉS!

Kenworth déménage son usine au Mexique.

MADAME SHEILA COPPS,
VICE-PREMIER MINISTRE
DU CANADA

Sheila Copps avait promis de démissionner
si la taxe de vente n'était pas abolie.

Louise Beaudoin, ministre de la Culture, engagée dans un bras de fer
avec Radio-Québec.

LA VIE CONTINUE À LA CHAMBRE DES COMMUNES

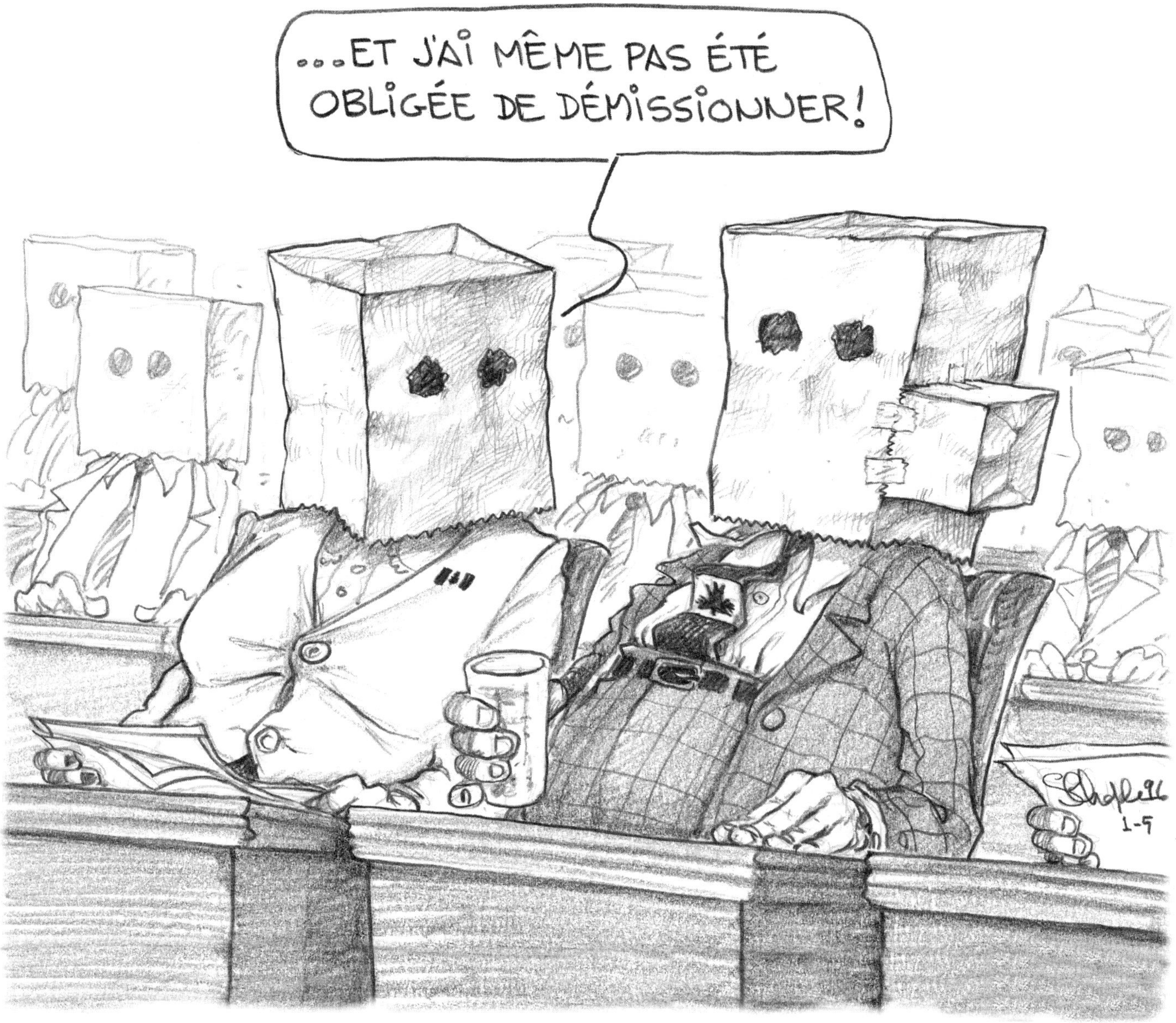

COMMENT DÉTRUIRE
DES DOCUMENTS

SUGGESTION No 1 :

LA DÉCHIQUETEUSE

LISTE D'ATTENTE EN CHIRURGIE...

On songe à déplacer la colonne Nelson de la place Jacques-Cartier.

LE MAIRE SUR LA CROISETTE...

CHRÉTIEN RÉPOND À L'APPEL DE Me BERTRAND

65

Me Bertrand sur son arbre perché...

MÉNARD ET MARTIN S'OCCUPENT DE MONTRÉAL

Québec et Ottawa se concertent dans le dossier de Montréal.

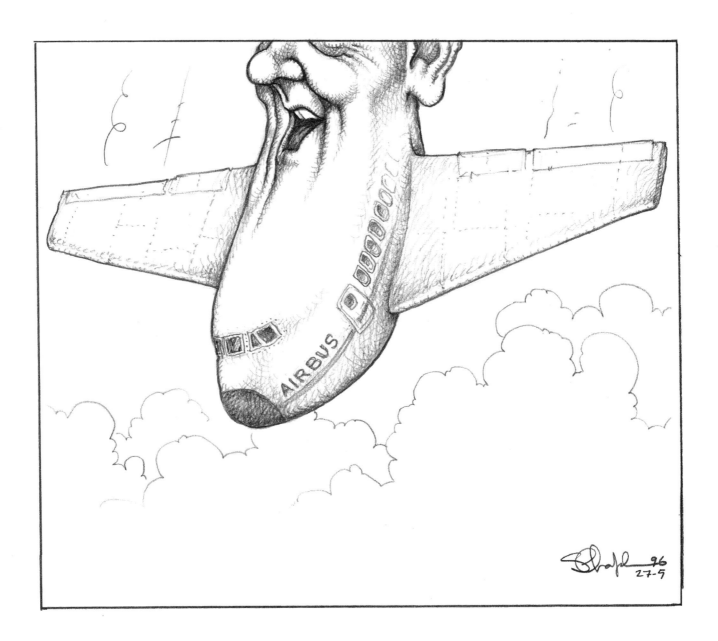

Bourque au sommet des villes d'Istanbul.

Le père Émilien Tardif se promène dans le monde entier pour faire des miracles.

TES BÉBELLES PIS DANS TA COUR...

la p'tite vite constitutionnelle

Émeute à Québec à l'occasion de la Saint-Jean.

VOYAGEZ AUX FRAIS DU CONTRIBUABLE

EN VENTE PARTOUT

TURQUIE GRÈCE ISRAEL JAPON LIBAN VIETNAM ET BIENTÔT L'AMÉRIQUE DU SUD

· PIERRE BOURQUE ·

LE GUIDE DU ROUTARD

VISION MONTRÉAL

79

ENFIN! DES COMMISSIONS SCOLAIRES LINGUISTIQUES AVEC DES COMITÉS CONFESSIONNELS ET DES ÉCOLES FRANCOPHONES OU ANGLOPHONES À STATUT NEUTRE OU CATHOLIQUE OU PROTESTANT.

Karadzic face à la communauté internationale.

LES DOCUMENTS DU GÉNÉRAL BOYLE (SUITE)

Toronto interdit le tabac dans les espaces publics.

88

SHOWTIME!

Jean-Louis Roux est nommé gouverneur général.

NOMINATION
DE JEAN-LOUIS ROUX,
TEMPÊTE
DANS UN VERRE D'EAU ?

IL Y A ENCORE
DE L'ESPOIR
POUR L'HUMANITÉ

Au zoo de Chicago, une mère gorille sauve la vie d'un enfant qui était tombé dans sa cage.

DÉMONSTRATION DE LA THÉORIE DE RUSHTON

Le professeur Phil Rushton de la University of Western Ontario, à l'occasion du 26e Congrès international de psychologie, fait une équation entre l'intelligence et la taille du cerveau.

JEAN CHAREST
EST-IL MÛR?

Pendant ce temps au Saguenay.

La ministre Louise Beaudoin plonge dans le débat linguistique.

Lucien Bouchard remet en question les chiffres de Statistique Canada
sur l'emploi au Québec.

LA SOLUTION FINALE : LE SABOT DE DENVER

UNE FOIS LA DETTE OLYMPIQUE
RÉGLÉE, ON L'ENLÈVE !

ASSERMENTATION DE JEAN-LOUIS ROUX

EN ROUTE VERS

DE NOUVELLES AVENTURES

AVEC HOWARD

Le ministre Guy Chevrette se prépare à accueillir le prochain président d'Hydro-Québec.

Terre-Neuve veut rouvrir l'entente avec le Québec
concernant l'électricité de Churchill Falls.

Aux États-Unis, un élève du primaire est renvoyé chez lui
après avoir embrassé une camarade.

Benjamin Netanyahu, premier ministre d'Israël.

DOSSIER PROSTITUTION:
APPRENEZ À RECONNAÎTRE UNE SOURCE DE LA POLICE D'UN SOURCIER.

Les informateurs de la police de Montréal débusquent les prostituées
en ayant des relations sexuelles avec elles.

LE JUGE BIENVENUE RISQUE DE PERDRE SA TOGE

Un nouveau ministre aux Forces armées.

Une rumeur veut que la rue Sherbrooke
soit rebaptisée rue Robert-Bourassa.

GALGANOV ET RHÉAUME EXPÉRIMENTANT UNE AUTRE FAÇON
D'UTILISER NOS LANGUES RESPECTIVES

LE FRENCH KISS

La CSN achète l'hôtel Méridien.

TRUDEAU REND HOMMAGE À BOURASSA...